SV

Sonderdruck
edition suhrkamp

Joschka Fischer

Vom Staatenverbund zur Föderation

Gedanken über die Finalität der europäischen Integration

Rede in der
Humboldt-Universität in Berlin
am 12. Mai 2000

Suhrkamp

edition suhrkamp
Sonderdruck
Erste Auflage 2000

Erstausgabe

Druck: Nomos Verlagsgesellschaft, Baden-Baden
Umschlag gestaltet nach einem Konzept
von Willy Fleckhaus: Rolf Staudt
Printed in Germany

1 2 3 4 5 6 - 05 04 03 02 01 00

Vom Staatenverbund zur Föderation

Meine sehr geehrten Damen und Herren!

Fast auf den Tag vor 50 Jahren stellte Robert Schuman seine Vision einer »Europäischen Föderation« zur Bewahrung des Friedens vor. Hiermit begann eine völlig neue Ära in der europäischen Geschichte. Die europäische Integration war die Antwort auf Jahrhunderte eines prekären Gleichgewichts der Mächte auf diesem Kontinent, das immer wieder in verheerende Hegemonialkriege umschlug, die in den beiden Weltkriegen zwischen 1914 und 1945 kulminierten. Der Kern des Europagedankens nach 1945 war und ist deshalb die Absage an das Prinzip der *balance of power*, des europäischen Gleichgewichtssystems und des Hegemonialstrebens einzelner Staaten, wie es nach dem Westfälischen Frieden von 1648 entstanden war, durch eine enge Verflechtung ihrer vitalen Interessen und die Übertragung nationalstaatlicher Souveränitätsrechte an supranationale europäische Institutionen.

Ein halbes Jahrhundert später ist Europa, der europäische Einigungsprozeß für alle beteiligten Staaten und Völker die wohl wichtigste politische Herausforderung, da sein Erfolg oder Scheitern oder auch nur die Stagnation dieses Einigungsprozesses für die Zukunft von uns allen, vor allem aber für die Zukunft der jungen Generation von überragender Bedeutung sein wird. Und eben dieser europäische Einigungsprozeß ist gegenwärtig bei vielen Menschen ins Gerede gekommen, gilt als eine bürokratische Veranstaltung einer seelen- und gesichtslosen Eurokratie in Brüssel und bestenfalls als langweilig, schlimmstenfalls aber als gefährlich.

Ich möchte mich gerade deshalb für die Gelegenheit bedanken, heute dazu öffentlich einige grundsätzlichere und konzeptionelle Überlegungen über die zukünftige Gestalt Europas entwickeln zu können. Gestatten Sie mir deshalb auch, für die Dauer dieser Rede, die beim öffentlichen Nachdenken bisweilen beengende Rolle des deutschen Außenministers und Mitglieds der Bundesregierung hinter mir zu lassen, auch wenn ich weiß, daß dies nicht wirklich geht. Aber ich möchte heute eben nicht über die operativen Herausforderungen der Europapolitik in den nächsten Monaten zu Ihnen sprechen, nicht also über die laufende Regierungskonferenz, die Osterweiterung der Europäischen Union und alle anderen wichtigen Fragen, die wir heute und morgen zu lösen haben, sondern vielmehr über die möglichen strategischen Perspektiven der europäischen Integration weit über das nächste Jahrzehnt und über die Regierungskonferenz hinaus.

Es geht also, wohlgemerkt, nicht um die Position der Bundesregierung, sondern um einen Beitrag zu einer öffentlich längst begonnenen Diskussion um die »Finalität«, um die »Vollendung« der europäischen Integration, und dies will ich eben als überzeugter Europäer und deutscher Parlamentarier tun. Um so mehr freue ich mich deshalb, daß beim letzten informellen Außenministertreffen der Europäischen Union auf den Azoren, dank der Initiative der portugiesischen Präsidentschaft, exakt zu diesem Thema der Finalität der europäischen Integration eine lange, ausführliche und überaus produktive Diskussion stattgefunden hat, die sicher Konsequenzen zeitigen wird.

Man kann es gegenwärtig fast mit den Händen greifen, daß zehn Jahre nach dem Ende des Kalten Krieges und mitten im Beginn des Zeitalters der Globalisierung die europäischen Probleme und Herausforderungen sich zu einem Knoten geschürzt haben, der innerhalb der bestehenden Vorgaben nur noch sehr schwer aufzulösen sein wird: Die Einführung der gemeinsamen Währung, die beginnende Osterweiterung der Europäischen Union, die Krise der letzten EU-Kommission, die geringe Akzeptanz von europäischem Parlament und europäischen Wahlen, die Kriege auf dem Balkan und die Entwicklung einer gemeinsamen Sicherheits- und Außenpolitik definieren nicht nur das Erreichte, sondern bestimmen auch die zu bewältigenden Herausforderungen.

Quo vadis Europa? fragt uns daher ein weiteres Mal die Geschichte unseres Kontinents. Und die Antwort der Europäer kann aus vielerlei Gründen, wenn sie es gut mit sich und ihren Kindern meinen, nur lauten: vorwärts bis zur Vollendung der europäischen Integration. Für einen Rückschritt oder auch nur einen Stillstand und ein Verharren beim Erreichten würde Europa, würden alle an der Europäischen Union beteiligten Mitgliedstaaten und auch alle diejenigen, die Mitglied werden wollen, würden vor allem also unsere Menschen einen fatal hohen Preis zu entrichten haben. Und dies gilt ganz besonders für Deutschland und die Deutschen.

Was vor uns liegt, wird alles andere als einfach werden und unsere ganze Kraft erfordern, denn wir werden in der nächsten Dekade die Ost- und Südosterweiterung der Europäischen Union zu wesentlichen Teilen zuwege bringen müssen, die letztlich zu einer faktischen Verdoppelung der Mitgliederzahl führen wird. Und gleichzeitig, um diese historische Herausforderung bewältigen und die neuen Mitgliedstaaten integrieren zu können, ohne dabei die Handlungsfähigkeit der Europäischen Union substantiell in Frage zu stellen, müssen wir den letzten Baustein in das Gebäude der europäischen Integration einfügen, nämlich die politische Integration.

Die Notwendigkeit, diese beiden Prozesse *parallel* zu organisieren, ist die wohl größte Herausforderung, vor der die Union seit ihrer Gründung jemals gestanden hat. Aber keine Generation kann sich ihre historischen Herausforderungen aussuchen, und so ist es auch diesmal. Nichts Geringeres als das Ende des Kalten Krieges und der erzwungenen Teilung Europas stellt die Europäische Union und damit auch uns vor diese Aufgabe, und deshalb bedarf es auch heute einer ähnlich visionären Kraft und pragmatischen Durchsetzungsfähigkeit, wie sie Jean Monnet und Robert Schuman nach dem Ende des Zweiten Weltkriegs bewiesen haben. Und wie damals, nach dem Ende dieses letzten großen europäischen Krieges, der wie fast immer auch ein deutsch-französischer Krieg gewesen war, wird es bei diesem letzen Bauabschnitt der Europäischen Union, nämlich ihrer Osterweiterung und der Vollendung der politischen Integration, ganz entscheidend auf Frankreich und Deutschland ankommen.

Meine Damen und Herren,

zwei historische Entscheidungen haben das Schicksal Europas zur Mitte des letzten Jahrhunderts grundsätzlich zum Besseren gewendet: Erstens die Entscheidung der USA, in Europa zu bleiben. Und zweitens das Setzen von Frankreich und Deutschland auf das Prinzip der Integration, beginnend mit der wirtschaftlichen Verflechtung.

Mit der Idee der *europäischen Integration* und mit ihrer Umsetzung entstand nicht nur eine völlig neue Ordnung in Europa, genauer: in Westeuropa, sondern die europäische Geschichte kehrte sich in ihrem Verlauf fundamental um. Vergleichen Sie einmal die europäische Geschichte der ersten Hälfte des 20. Jahrhunderts mit dessen zweiten fünf Jahrzehnten, und Sie werden sofort verstehen, was ich meine. Gerade die deutsche Perspektive ist dabei besonders lehrreich, denn sie macht klar, was unser Land der Idee der europäischen Integration und ihrer Umsetzung tatsächlich zu verdanken hat!

Dieses fast revolutionär zu nennende neue Prinzip des europäischen Staatensystems ging von Frankreich und seinen großen Staatsmännern Robert Schuman und Jean Monnet aus. Seine schrittweise Verwirklichung von der Gründung der Europäischen Gemeinschaft für Kohle und Stahl bis zur Schaffung des Binnenmarkts und der gemeinsamen Währung beruhte in allen Stadien seiner Entwicklung zentral auf der deutsch-französischen Interessenallianz. Diese war allerdings niemals exklusiv, sondern für andere europäische Staaten immer offen, und so sollte es bis zum Erreichen der Finalität auch bleiben.

Die europäische Integration hat sich als phänomenal erfolgreich erwiesen. Das Ganze hatte nur einen entscheidenden Mangel, der durch die Geschichte erzwungen war. Es war nicht das ganze Europa, sondern ausschließlich dessen freier Teil im Westen. Die Teilung Europas ging fünf Jahrzehnte mitten durch Deutschland und Berlin hindurch, und östlich von Mauer und Stacheldraht wartete ein unverzichtbarer Teil Europas, ohne den die europäische Integrationsidee niemals vollendet werden konnte, auf seine Chance zur Teilnahme am europäischen Einigungsprozeß. Diese kam dann mit dem Ende der europäischen und deutschen Teilung 1989/90.

Robert Schuman hat dies bereits 1963 mit äußerster Klarheit gesehen: »Wir müssen das geeinte Europa nicht nur im Interesse der freien Völker errichten, sondern auch, um die Völker Osteuropas in diese Gemeinschaft aufnehmen zu können, wenn sie, von den Zwängen, unter denen sie leiden, befreit, um ihren Beitritt und unsere moralische Unterstützung nachsuchen werden. Wir schulden ihnen das Vorbild des einigen, brüderlichen Europa. Jeder Schritt, den wir auf diesem Wege zurücklegen, wird für sie eine neue Chance darstellen. Sie brauchen unsere Hilfe bei der Umstellung, die sie zu bewerkstelligen haben. Unsere Pflicht ist es, bereit zu sein.«

Nach dem Zusammenbruch des Sowjetimperiums mußte sich die Europäische Union nach Osten öffnen, sonst hätte sich die Idee der europäischen Integration selbst ausgehöhlt und letztlich zerstört. Warum? Ein Blick nach dem ehemaligen Jugoslawien zeigt uns die Konsequenzen, auch wenn sie nicht immer und überall zu ähnlich extremen Entwicklungen geführt hätten. Eine auf Westeuropa beschränkte Europäische Union hätte es dauerhaft mit einem gespaltenen Staatensystem in Europa zu tun gehabt: in Westeuropa die Integration, in Osteuropa das alte Gleichgewichtssystem mit seiner anhaltend nationalen Orientierung, Koalitionszwängen, klassischer Interessenpolitik und der permanenten Gefahr nationalistischer Ideologien und Konfrontationen. Ein gespaltenes europäisches Staatensystem ohne überwölbende Ordnung würde Europa dauerhaft zu einem Kontinent der Unsicherheit machen, und auf mittlere Sicht würden sich diese traditionellen Konfliktlinien von Osteuropa auch wieder in die Europäische Union hinein übertragen. Gerade Deutschland wäre dabei der große Verlierer. Auch die geopolitischen Realitäten ließen nach 1989 keine ernsthafte Alternative zur Osterweiterung der europäischen Institutionen zu, und dies gilt erst recht im Zeitalter der Globalisierung.

Die Europäische Union hat als Antwort auf diesen wahrhaft historischen Einschnitt konsequent einen tiefgreifenden Umgestaltungsprozeß eingeleitet:

– In Maastricht wurde von den drei wesentlichen Souveränitäten des modernen Nationalstaats – Währung, innere und äußere Sicherheit – erstmals ein Kernbereich ausschließlich in die Verantwortung einer europäischen Institution übertragen. Die Einführung des Euro bedeutete nicht nur die Krönung der wirtschaftlichen Integration, sie war zugleich ein zutiefst politischer Akt, denn die Währung ist nicht nur eine ökonomische Größe, sondern sie symbolisiert auch die Macht des Souveräns, der sie garantiert. Aus der Vergemeinschaftung von Wirtschaft und Währung gegenüber den noch fehlenden politischen und demokratischen Strukturen ist ein Spannungsfeld entstanden, das in der Europäischen Union zu inneren Krisen führen kann, wenn wir nicht die Defizite im Bereich der politischen Integration produktiv aufheben und so den Prozeß der Integration vollenden.

– Der Europäische Rat in Tampere markierte den Einstieg in ein neues weitreichendes Integrationsprojekt, den Aufbau eines gemeinsamen Raums des Rechts und der inneren Sicherheit. Damit rückt das Europa der Bürger in greifbare Nähe. Die Bedeutung dieses neuen Integrationsprojekts geht aber noch darüber hinaus: Gemeinsames Recht kann eine große integrative Kraft entfalten.

– Die europäischen Staaten haben, gerade unter dem Eindruck des Kosovokrieges, weitere Schritte zur Stärkung ihrer gemeinsamen außenpolitischen Handlungsfähigkeit ergriffen und sich in Köln und Helsinki auf ein neues Ziel verständigt: die Entwicklung einer gemeinsamen Sicherheits- und Verteidigungspolitik. Die Union hat damit – nach dem Euro – den nächsten Schritt getan. Denn wie sollte man auf Dauer begründen, daß Staaten, die sich durch die Währungsunion unauflösbar und in ihrer ökonomisch-politischen Existenz miteinander verbinden, sich nicht auch gemeinsam äußeren Bedrohungen stellen und ihre Sicherheit gemeinsam gewährleisten?

– Ebenfalls in Helsinki wurde ein konkreter Plan für die Erweiterung der Europäischen Union vereinbart. Nach diesen Beschlüssen dürften die äußeren Grenzen der künftigen Europäischen Union mehr oder weniger vorgezeichnet sein. Es ist absehbar, daß die Europäische Union am Ende des Erweiterungsprozesses 27, 30 oder noch mehr Mitglieder zählen wird, beinahe soviel wie die KSZE bei ihrer Gründung.

Wir stehen damit in Europa gegenwärtig vor der enorm schwierigen Aufgabe, zwei Großprojekte parallel zu organisieren:

1. Die schnellstmögliche Erweiterung

Diese wirft schwierige Anpassungsprobleme für die Beitrittsländer wie für die Europäische Union selbst auf. Sie löst zudem bei unseren Bürgern Sorgen und Ängste aus: Geraten ihre Arbeitsplätze in Gefahr? Wird durch die Erweiterung Europa noch undurchsichtiger und unverstehbarer für die Bürger? So ernsthaft wir uns mit solchen Fragen auseinandersetzen müssen, wir dürfen darüber nie die historische Dimension der Osterweiterung aus den Augen verlieren. Denn diese ist eine einmalige Chance, unseren über Jahrhunderte kriegsgeschüttelten Kontinent in Frieden, Sicherheit, Demokratie und Wohlstand zu vereinen.

Die Erweiterung liegt gerade für Deutschland im obersten nationalen Interesse. Die in Deutschlands Dimension und Mittellage objektiv angelegten Risiken und Versuchungen werden durch die Erweiterung bei gleichzeitiger Vertiefung der Europäischen Union dauerhaft überwunden werden können. Hinzu kommt: Die Erweiterung – siehe die Süderweiterung der Europäischen Union – ist ein gesamteuropäisches Wachstumsprogramm. Gerade die deutsche Wirtschaft wird von der Erweiterung einen hohen Gewinn für Unternehmen und Beschäftigung davontragen. Deutschland muß daher weiter Anwalt einer zügigen Osterweiterung bleiben. Zugleich muß die Erweiterung sorgfältig und nach Maßgabe des Beschlusses von Helsinki vollzogen werden.

2. Die Handlungsfähigkeit Europas

Die Institutionen der Europäischen Union wurden für 6 Mitgliedstaaten geschaffen. Sie funktionieren mit Mühe noch zu 15. So wichtig der erste Reformschritt mit seiner verstärkten Mehrheitsentscheidung bei der vor uns liegenden Regierungskonferenz auch für den Beginn der Erweiterung ist, so wird er langfristig für die Erweiterung insgesamt allein nicht ausreichen. Die Gefahr besteht dann, daß eine Erweiterung auf 27 – 30 Mitglieder die Absorptionsfähigkeit der Europäischen Union mit ihren alten Institutionen und Mechanismen überfordern wird und daß es zu schweren Krisen kommen kann. Aber diese Gefahr spricht, wohlgemerkt, nicht gegen die schnellstmögliche Erweiterung, sondern vielmehr für eine entschlossene und angemessene Reform der Institutionen, damit die Handlungsfähigkeit auch unter den Bedingungen der Erweiterung erhalten bleibt. *Erosion oder Integration* lautet deshalb die Konsequenz aus der unabweisbaren Erweiterung der Europäischen Union.

Meine Damen und Herren,

die Bewältigung dieser zwei Aufgaben steht im Zentrum der aktuellen Regierungskonferenz. Die Europäische Union hat sich verpflichtet, bis zum 1. 1. 2003 aufnahmefähig zu sein. Nach dem Abschluß der Agenda 2000 geht es nun darum, die institutionellen Voraussetzungen für die nächste Erweiterungsrunde herzustellen. Die Lösung der drei Kernfragen – Zusammensetzung der Kommission, Stimmgewichtung im Rat und ganz besonders der Ausweitung von Mehrheitsentscheidungen – ist unverzichtbar für eine reibungslose Fortsetzung des Erweiterungsprozesses. Ihr kommt deshalb jetzt als nächster zu lösender praktischer Schritt unbedingte Priorität zu.

So zentral die Regierungskonferenz für die Zukunft der Europäischen Union als nächster Schritt auch immer ist, so müssen wir angesichts der Lage Europas gleichwohl schon heute damit beginnen, uns über den Prozeß der Erweiterung hinaus Gedanken zu machen, wie eine künftige »große« Europäische Union einmal funktionieren kann, wie sie deshalb aussehen und funktionieren müßte. Und das will ich jetzt tun.

Gestatten Sie mir deshalb, meine Damen und Herren, daß ich jetzt »den Außenminister« definitiv weit hinter mir lasse, um einige Überlegungen sowohl über das Wesen der sogenannten »Finalität Europas« anzustellen als auch darüber, auf welchem Weg wir uns diesem Ziel annähern und es schließlich erreichen können. Und auch allen Euroskeptikern diesseits und jenseits des Kanals sei empfohlen, jetzt nicht gleich wieder die dicksten Schlagzeilen zu produzieren, denn erstens handelt es sich um eine persönliche Zukunftsvision von der Lösung der europäischen Probleme. Und zweitens reden wir hier über einen langfristigen Zeitraum, weit jenseits der laufenden Regierungskonferenz. Niemand muß sich also vor diesen Thesen fürchten.

Die Erweiterung wird eine grundlegende Reform der europäischen Institutionen unverzichtbar machen. Wie stellt man sich eigentlich einen Europäischen Rat mit dreißig Staats- und Regierungschefs vor? Dreißig Präsidentschaften? Wie lange werden Ratssitzungen dann eigentlich dauern? Tage oder gar Wochen? Wie soll man in dem heutigen Institutionengefüge der Europäischen Union dreißig Interessen ausgleichen, Beschlüsse fassen und dann noch handeln? Wie will man verhindern, daß die EU damit endgültig intransparent, die Kompromisse immer unfaßlicher und merkwürdiger werden und die Akzeptanz der Europäischen Union bei den Unionsbürgern schließlich weit unter den Gefrierpunkt sinken wird?

Fragen über Fragen, auf die es allerdings eine ganz einfache Antwort gibt: *den Übergang vom Staatenverbund der Union hin zur vollen Parlamentarisierung in einer Europäischen Föderation, die Robert Schuman bereits vor 50 Jahren gefordert hat. Und das heißt nichts Geringeres als ein europäisches Parlament und eine ebensolche Regierung, die tatsächlich die gesetzgebende und die exekutive Gewalt innerhalb der Föderation ausüben*. Diese Föderation wird sich auf einen *Verfassungsvertrag* zu gründen haben.

Mir ist wohl bewußt, welche Prozedur- und Substanzprobleme es bis zur Erreichung dieses Ziels zu überwinden gilt. Es ist aber für mich völlig klar, daß Europa seine ihm gemäße Rolle im wirtschaftlichen und politischen globalen Wettbewerb nur dann wird spielen können, wenn wir mutig vorangehen. Mit den Ängsten und Rezepten des 19. und 20. Jahrhunderts können die Probleme des 21. Jahrhunderts nicht gelöst werden.

Freilich erhebt sich gegen diese einfache Lösung sofort der Vorwurf der nicht vorhandenen Machbarkeit. Europa sei kein neuer Kontinent, sondern voll mit unterschiedlichen Völkern, Kulturen, Sprachen und Geschichten. Die Nationalstaaten seien nicht wegzudenkende Realitäten, und je mehr die Globalisierung und Europäisierung bürgerferne Superstrukturen und anonyme Akteure schaffen, um so mehr werden die Menschen an ihren Sicherheit und Geborgenheit vermittelnden Nationalstaaten festhalten.

Nun, alle diese Einwände teile ich, denn sie sind richtig. Deshalb wäre es ein nicht wiedergutzumachender Konstruktionsfehler, wenn man die Vollendung der politischen Integration gegen die vorhandenen nationalen Institutionen und Traditionen und nicht unter deren Einbeziehung versuchen würde. Ein solches Unternehmen müßte unter den historisch-kulturellen Bedingungen Europas scheitern. Nur wenn die europäische Integration die Nationalstaaten in eine solche Föderation mitnimmt, wenn deren Institutionen nicht entwertet oder gar verschwinden werden, wird ein solches Projekt trotz aller gewaltigen Schwierigkeiten machbar sein. Anders gesagt: Die bisherige Vorstellung eines europäischen Bundesstaates, der als neuer Souverän die alten Nationalstaaten und ihre Demokratien ablöst, erweist sich als ein synthetisches Konstrukt jenseits der gewachsenen europäischen Realitäten. Die Vollendung der europäischen Integration läßt sich erfolgreich nur denken, wenn dies auf der Grundlage einer *Souveränitätsteilung von Europa und Nationalstaat* geschieht. Genau dieses Faktum steckt hinter dem Begriff der »Subsidiarität«, der gegenwärtig allenthalben diskutiert und von kaum jemandem verstanden wird.

Was hat man sich nun unter dem Begriff der »Souveränitätsteilung« vorzustellen? Wie gesagt, Europa wird nicht in einem leeren politischen Raum entstehen, und ein weiteres Faktum unserer europäischen Realität sind deshalb die unterschiedlichen politischen Nationalkulturen und deren demokratische Öffentlichkeiten, getrennt zudem noch durch die allfälligen Sprachgrenzen. Ein europäisches Parlament muß deswegen immer ein Doppeltes repräsentieren: ein *Europa der Nationalstaaten* und ein *Europa der Bürger*. Dies wird sich nur machen lassen, wenn dieses europäische Parlament die unterschiedlichen nationalen politischen Eliten und dann auch die unterschiedlichen nationalen Öffentlichkeiten tatsächlich zusammenführt.

Dies läßt sich meines Erachtens erreichen, wenn dieses europäische Parlament über zwei Kammern verfügt, wobei eine Kammer durch gewählte Abgeordnete besetzt wird, die zugleich Mitglieder der Nationalparlamente sind. So wird es keinen Gegensatz zwischen nationalen Parlamenten und europäischem Parlament, zwischen Nationalstaat und Europa geben. Bei der zweiten

Kammer wird man sich zwischen einem Senatsmodell mit direktgewählten Senatoren der Mitgliedstaaten oder einer Staatenkammer analog unseres Bundesrates zu entscheiden haben. In den USA wählen alle Staaten zwei Senatoren, in unserem Bundesrat hingegen gibt es eine unterschiedliche Stimmenzahl.

Ebenso stellen sich für die europäische Exekutive, die europäische Regierung, zwei Optionen. Entweder entscheidet man sich für die Fortentwicklung des Europäischen Rats zu einer europäischen Regierung, d. h., die europäische Regierung wird aus den nationalen Regierungen heraus gebildet, oder man geht, ausgehend von der heutigen Kommissionsstruktur, zur Direktwahl eines Präsidenten mit weitgehenden exekutiven Befugnissen über. Man kann sich hier aber auch verschiedene Zwischenformen dazu denken.

Nun wird es den Einwand geben, daß Europa ja bereits heute viel zu kompliziert und für die Unionsbürger viel zu undurchschaubar geworden sei, und nun wolle man es noch komplizierter machen. Aber genau das Gegenteil wird hier intendiert. *Die Souveränitätsteilung von Föderation und National-*

staaten setzt einen Verfassungsvertrag voraus, der festlegt, was europäisch und was weiterhin national geregelt werden soll. Die Vielzahl von Regelungen auf der Ebene der Europäischen Union sind mit das Ergebnis der induktiven Vergemeinschaftung nach der Methode Monnet und Ausdruck zwischenstaatlicher Kompromisse im heutigen Staatenverbund Europäische Union. Die klare Zuständigkeitsregelung zwischen Föderation und Nationalstaaten in einem europäischen Verfassungsvertrag sollte die Kernsouveränitäten und nur das unbedingt notwendig europäisch zu Regelnde der Föderation übertragen, der Rest aber bliebe nationalstaatliche Regelungskompetenz. Dies wäre eine schlanke und zugleich handlungsfähige Europäische Föderation, voll souverän und doch auf selbstbewußten Nationalstaaten als Gliedern dieser Föderation beruhend. Zudem wäre dies auch eine Föderation, die von den Bürgern durchschaut und verstanden würde, weil sie ihr Demokratiedefizit überwunden hätte.

Dies alles wird aber nicht die Abschaffung des Nationalstaates bedeuten. Denn auch für das finale Föderationssubjekt wird der Nationalstaat mit seinen kulturellen und demokratischen Traditionen unersetzlich sein, um eine von den Menschen in vollem Umfang akzeptierte Bürger- und Staatenunion zu legitimieren. Dies sage ich gerade mit Blick auf unsere Freunde in Großbritannien, denn ich weiß, daß der Begriff »Föderation« für viele Briten ein Reizwort ist. Aber mir fällt bis heute kein anderer Begriff ein. Es soll hier niemand gereizt werden.

Auch in der europäischen Finalität werden wir also noch Briten und Deutsche, Franzosen und Polen sein. Die Nationalstaaten werden fortexistieren und auf europäischer Ebene eine wesentlich stärkere Rolle behalten, als dies die Bundesländer in Deutschland tun. Und das Prinzip der Subsidiarität wird in einer solchen Föderation künftig Verfassungsrang haben.

Diese drei Reformen: die Lösung des Demokratieproblems sowie das Erfordernis einer grundlegenden Neuordnung der Kompetenzen sowohl horizontal, d. h. zwischen den europäischen Institutionen, als auch vertikal, also zwischen Europa, Nationalstaat und Regionen, wird nur durch eine *konstitutionelle Neugründung Europas* gelingen können, also durch die *Realisierung des Projekts einer europäischen Verfassung, deren Kern die Verankerung der Grund-, Menschen- und Bürgerrechte, einer gleichgewichtigen Gewaltenteilung zwischen den europäischen Institutionen und einer präzisen Abgrenzung zwischen der europäischen und der nationalstaatlichen Ebene sein muß. Die Hauptachse einer solchen europäischen Verfassung wird dabei das Verhältnis zwischen Föderation und Nationalstaat bilden.* Damit ich nicht mißverstanden werde: Dies hat mit Renationalisierung überhaupt nichts zu tun, im Gegenteil.

Meine Damen und Herren,

die Frage, die sich nun immer drängender stellt, ist folgende: *Wird sich diese Vision einer Föderation nach der bisherigen Methode der Integration realisieren lassen oder muß diese Methode selbst, das zentrale Element des bisherigen Einigungsprozesses, in Frage gestellt werden?*

Bis in der Vergangenheit dominierte im wesentlichen die »Methode Monnet« mit ihrem Vergemeinschaftungsansatz in europäischen Institutionen und Politiken den europäischen Einigungsprozeß. Diese schrittweise Integration ohne Blaupause für den Endzustand war in den fünfziger Jahren für die wirtschaftliche Integration einer kleinen Ländergruppe konzipiert worden. So erfolgreich dieser Ansatz dort war, für die politische Integration und die Demokratisierung Europas hat er sich als nur bedingt geeignet erwiesen. Dort, wo ein Voranschreiten aller Mitglieder der Europäischen

Union nicht möglich war, gingen deshalb Teilgruppen in wechselnden Formationen voraus, wie in der Wirtschafts- und Währungsunion oder bei Schengen.

Liegt also in einer solchen Differenzierung, einer verstärkten Zusammenarbeit in Teilbereichen, die Antwort auf die doppelte Herausforderung von Erweiterung und Vertiefung? Gerade in einer erweiterten und zwangsläufig auch heterogeneren Union wird eine weitere Differenzierung unverzichtbar werden. Sie zu erleichtern ist deshalb auch ein zentrales Ziel der Regierungskonferenz.

Allerdings wird eine immer stärkere Differenzierung auch neue Probleme aufwerfen: einen Verlust von europäischer Identität, an innerer Kohärenz sowie die Gefahr einer inneren Erosion der Europäischen Union, wenn nämlich neben die Klammer der Integration immer größere Bereiche intergouvernementaler Zusammenarbeit treten sollten. Schon heute ist eine wohl innerhalb ihrer eigenen Logik nicht mehr zu lösende Krise der »Methode Monnet« nicht mehr zu übersehen.

Jacques Delors sowie Helmut Schmidt

und Valéry Giscard d'Estaing haben deshalb in jüngster Zeit versucht, auf dieses Dilemma neue Antworten zu finden. Nach den Vorstellungen von Delors soll eine »Föderation der Nationalstaaten«, bestehend aus den 6 Gründungsländern der Europäischen Gemeinschaft, einen »Vertrag im Vertrag« schließen, mit dem Ziel einer tiefgreifenden Reform der europäischen Institutionen. In eine ähnliche Richtung gehen die Überlegungen von Schmidt und Giscard, die allerdings anstatt der 6 Gründungsmitglieder von den Euro-11 Staaten als Zentrum ausgehen. Bereits 1994 hatten Karl Lamers und Wolfgang Schäuble die Schaffung eines »Kerneuropa« vorgeschlagen, das allerdings einen entscheidenden Geburtsfehler hatte, nämlich die Vorstellung eines exklusiven »Kerns«, der noch dazu das Gründungsland Italien ausschloß, anstatt eines *für alle offenen Integrationsmagneten*.

Wenn angesichts der unabweisbaren Herausforderung der Osterweiterung die Alternative für die EU tatsächlich Erosion oder Integration heißt und wenn das Verharren in einem Staatenverbund Stillstand mit all seinen negativen Folgen bedeuten würde, dann wird, getrieben durch den Druck der Verhältnisse und der von ihnen ausgelösten Krisen, die Europäische Union innerhalb der nächsten Dekade irgendwann vor der Alternative stehen: Springt eine Mehrheit der Mitgliedstaaten in die volle Integration und einigt sich auf einen europäischen Verfassungsvertrag zur Gründung einer Europäischen Föderation? Oder, wenn dies nicht geschieht, wird eine kleinere Gruppe von Mitgliedstaaten als Avantgarde diesen Weg vorausgehen, d. h. ein Gravitationszentrum aus einigen Staaten bilden, die aus tiefer europäischer Überzeugung heraus bereit und in der Lage sind, mit der politischen Integration voranzuschreiten? Die Fragen würden dann nur noch heißen: Wann wird der richtige Zeitpunkt sein? Wer wird teilnehmen? Und wird sich dieses Gravitationszentrum innerhalb oder außerhalb der Verträge herausbilden? Eines jedenfalls ist dabei sicher: Ohne engste deutsch-französische Zusammenarbeit wird auch künftig kein europäisches Projekt gelingen.

Angesichts dieser Lage könnte man sich also weit über das nächste Jahrzehnt hinaus die *weitere Entwicklung Europas in zwei oder drei Stufen* vorstellen:

Zunächst dem Ausbau verstärkter Zusammenarbeit zwischen denjenigen Staaten, die enger als andere kooperieren wollen, wie dies bereits auch in der Wirtschafts- und Währungsunion und bei Schengen der Fall ist. Auf vielen Gebieten können wir hiermit vorankommen: bei der Weiterentwicklung der Euro-11 zu einer wirtschafts*politischen* Union, beim Umweltschutz, der Verbrechensbekämpfung, der Entwicklung einer gemeinsamen Einwanderungs- und Asylpolitik und natürlich auch in der Außen- und Sicherheitspolitik. Sehr wichtig dabei ist, daß verstärkte Zusammenarbeit nicht als eine Abkehr von der Integration verstanden werden darf.

Ein möglicher Zwischenschritt hin zur Vollendung der politischen Union könnte dann später die Bildung eines Gravitationszentrums sein. Eine solche Staatengruppe würde einen neuen europäischen Grundvertrag schließen, den Nukleus einer Verfassung der Föderation. Und auf der Basis dieses Grundvertrages würde sie sich eigene Institutionen geben, eine Regierung, die innerhalb der Europäischen Union in möglichst vielen Fragen für die Mitglieder der

Gruppe mit einer Stimme sprechen sollte, ein starkes Parlament, einen direkt gewählten Präsidenten. Ein solches Gravitationszentrum müßte die Avantgarde, die Lokomotive für die Vollendung der politischen Integration sein und bereits alle Elemente der späteren Föderation umfassen.

Mir sind nun die institutionellen Probleme im Hinblick auf die jetzige Europäische Union durchaus bewußt, die ein solches Gravitationszentrum mit sich bringen würde. Deshalb würde es entscheidend darauf ankommen, sicherzustellen, daß das in der Europäischen Union Erreichte nicht gefährdet, diese nicht gespalten und das die Europäische Union zusammenhaltende Band weder politisch noch rechtlich beschädigt werden darf. Es müßten Mechanismen entwickelt werden, die eine Mitarbeit des Gravitationszentrums in der größeren Europäischen Union ohne Reibungsverluste erlauben.

Die Frage, welche Staaten sich an einem solchen Projekt beteiligen, die EU-Gründungs-, die Euro11-Mitglieder oder noch eine andere Gruppe, läßt sich heute unmöglich beantworten. Bei jeder Überlegung über die Option Gravitationszentrum muß eines klar sein: Diese Avantgarde darf niemals exklusiv, sondern muß für alle Mitgliedstaaten und Beitrittskandidaten der Europäischen Union offen sein, wenn diese zu einem bestimmten Zeitpunkt teilnehmen wollen. Für alle diejenigen, die teilnehmen wollen, aber dazu die Bedingungen nicht haben, muß es Heranführungsmöglichkeiten geben. *Transparenz* und eine *Mitwirkungsoption* für alle EU-Mitglieder und -kandidaten wären wesentliche Faktoren für die Akzeptanz und Realisierbarkeit des Projekts. Und dies muß gerade auch gegenüber den Beitrittsländern gelten. Denn es wäre historisch absurd und zutiefst töricht, wenn Europa just zu dem Zeitpunkt, wo es endlich wieder vereint wird, erneut gespalten würde.

Ein solcher *Gravitationskern* muß also ein *aktives Erweiterungsinteresse* haben, und er muß Attraktivität für die anderen Mitglieder ausstrahlen. Folgt man dem Grundsatz von Hans-Dietrich Genscher, daß kein Mitgliedstaat gezwungen werden kann, weiter zu gehen, als er es kann oder wünscht, aber daß derjenige, der nicht weitergehen möchte, auch nicht die Möglichkeit hat, die anderen daran zu hindern, dann wird sich die Gravitation innerhalb der Verträge herausbilden, ansonsten außerhalb.

Der letzte Schritt wäre dann die Vollendung der Integration in einer Europäischen Föderation. Damit wir uns nicht mißverstehen: Von der verstärkten Zusammenarbeit führt kein Automatismus dorthin, egal ob als Gravitationszentrum oder gleich als Mehrheit der Unionsmitglieder. Die verstärkte Zusammenarbeit wird zunächst vor allem nichts anderes als eine verstärkte Intergouvernementalisierung angesichts des Drucks der Fakten und der Schwäche der »Methode Monnet« bedeuten. Der Schritt von der verstärkten Zusammenarbeit hin zu einem Verfassungsvertrag – und genau dies wird die Voraussetzung der vollen Integration sein – bedarf dagegen eines bewußten politischen Neugründungsaktes Europas.

Dies, meine Damen und Herren, ist meine persönliche Zukunftsvision: Von der verstärkten Zusammenarbeit hin zu einem europäischen Verfassungsvertrag und die Vollendung von Robert Schumans großer Idee einer Europäischen Föderation. Dies könnte der Weg sein!